This Journal
belongs to

_____

DarkAura Publishing

ABN 32 857 304 185

www.darkaurapublishing.com

www.blcallaghan.com

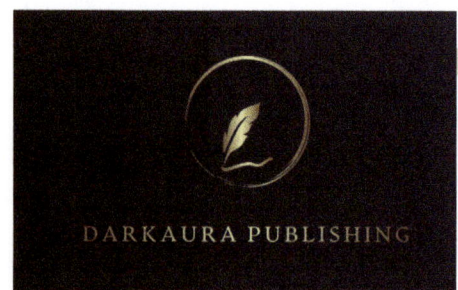

B L Callaghan
FANTASY AUTHOR

DARKAURA PUBLISHING

My Rating System

My Reading Goals

My Favorite Genres

Arc List

Beta List

Preorder List

My Wishlists

Physical
wishlist

ebook wishlist

Audiobook wishlist

Genre Tracker

Genre	1	2	3	4	5	6	7	8	9	10	11	12	13	14	15	16	17	18	19	20	21	22	23	24	25	26	27	28	29	30	31	32	33	34	35	36

Genre	1	2	3	4	5	6	7	8	9	10	11	12	13	14	15	16	17	18	19	20	21	22	23	24	25	26	27	28	29	30	31	32	33	34	35	36
1	2	3	4	5	6	7	8	9	10	11	12	13	14	15	16	17	18	19	20	21	22	23	24	25	26	27	28	29	30	31	32	33	34	35	36

Alphabet

A

B

C

D

E

F

G

H

I

J

K

L

M

Challenge

N
_____

O
_____

P
_____

Q
_____

R
_____

S
_____

T
_____

U
_____

V
_____

W
_____

X
_____

Y
_____

Z
_____

Book tracker

Book tracker

Book tracker

Book tracker

Book tracker

January

January Reads

Social Media Post Planner

Sun	Mon	Tue	Wed	Thu	Fri	Sat

Title _____

Author _____

Genre _____

Reading dates _____

My Rating _____

Title _____

Author _____

Genre _____

Reading dates _____

My Rating _____

Title _____

Author _____

Genre _____

Reading dates _____

My Rating _____

Title _____

Author _____

Genre _____

Reading dates _____

My Rating _____

Title

Author

Genre

Reading dates

My Rating

Title

Author

Genre

Reading dates

My Rating

Title _____

Author _____

Genre _____

Reading dates _____

My Rating _____

Title _____

Author _____

Genre _____

Reading dates _____

My Rating _____

Title _____

Author _____

Genre _____

Reading dates _____

My Rating _____

Title _____

Author _____

Genre _____

Reading dates _____

My Rating _____

Title _____

Author _____

Genre _____

Reading dates _____

My Rating _____

Title _____

Author _____

Genre _____

Reading dates _____

My Rating _____

Title _____

Author _____

Genre _____

Reading dates _____

My Rating _____

Title _____

Author _____

Genre _____

Reading dates _____

My Rating _____

Title _____

Author _____

Genre _____

Reading dates _____

My Rating _____

Title
_____

Author
_____

Genre
_____

Reading dates
_____

My Rating
_____

Title
_____

Author
_____

Genre
_____

Reading dates
_____

My Rating
_____

Title _____

Author _____

Genre _____

Reading dates _____

My Rating _____

Title _____

Author _____

Genre _____

Reading dates _____

My Rating _____

Title _____

Author _____

Genre _____

Reading dates _____

My Rating _____

Title _____

Author _____

Genre _____

Reading dates _____

My Rating _____

Title _____

Author _____

Genre _____

Reading dates _____

My Rating _____

Title _____

Author _____

Genre _____

Reading dates _____

My Rating _____

Title _____

Author _____

Genre _____

Reading dates _____

My Rating _____

Title _____

Author _____

Genre _____

Reading dates _____

My Rating _____

Title _____

Author _____

Genre _____

Reading dates _____

My Rating _____

Title _____

Author _____

Genre _____

Reading dates _____

My Rating _____

Title _____

Author _____

Genre _____

Reading dates _____

My Rating _____

Title _____

Author _____

Genre _____

Reading dates _____

My Rating _____

Title _____

Author _____

Genre _____

Reading dates _____

My Rating _____

Title _____

Author _____

Genre _____

Reading dates _____

My Rating _____

Cover of

the Month

February

February Reads

Social Media Post Planner

Sun	Mon	Tue	Wed	Thu	Fri	Sat

Title _____

Author _____

Genre _____

Reading dates _____

My Rating _____

Title _____

Author _____

Genre _____

Reading dates _____

My Rating _____

Title _____

Author _____

Genre _____

Reading dates _____

My Rating _____

Title _____

Author _____

Genre _____

Reading dates _____

My Rating _____

Title _____

Author _____

Genre _____

Reading dates _____

My Rating _____

Title _____

Author _____

Genre _____

Reading dates _____

My Rating _____

Title _____

Author _____

Genre _____

Reading dates _____

My Rating _____

Title _____

Author _____

Genre _____

Reading dates _____

My Rating _____

Title _____

Author _____

Genre _____

Reading dates _____

My Rating _____

Title _____

Author _____

Genre _____

Reading dates _____

My Rating _____

Title _____

Author _____

Genre _____

Reading dates _____

My Rating _____

Title _____

Author _____

Genre _____

Reading dates _____

My Rating _____

Title _____

Author _____

Genre _____

Reading dates _____

My Rating _____

Title _____

Author _____

Genre _____

Reading dates _____

My Rating _____

Title _____

Author _____

Genre _____

Reading dates _____

My Rating _____

Title _____

Author _____

Genre _____

Reading dates _____

My Rating _____

Title _____

Author _____

Genre _____

Reading dates _____

My Rating _____

Title _____

Author _____

Genre _____

Reading dates _____

My Rating _____

Title _____

Author _____

Genre _____

Reading dates _____

My Rating _____

Title _____

Author _____

Genre _____

Reading dates _____

My Rating _____

Title

Author

Genre

Reading dates

My Rating

Title

Author

Genre

Reading dates

My Rating

Title

Author

Genre

Reading dates

My Rating

Title

Author

Genre

Reading dates

My Rating

Title _____

Author _____

Genre _____

Reading dates _____

My Rating _____

Title _____

Author _____

Genre _____

Reading dates _____

My Rating _____

Title _____

Author _____

Genre _____

Reading dates _____

My Rating _____

Title _____

Author _____

Genre _____

Reading dates _____

My Rating _____

Title _____

Author _____

Genre _____

Reading dates _____

My Rating _____

Title _____

Author _____

Genre _____

Reading dates _____

My Rating _____

Title _____

Author _____

Genre _____

Reading dates _____

My Rating _____

Cover of

the Month

March

March Reads

Social Media Post Planner

Sun	Mon	Tue	Wed	Thu	Fri	Sat

Title _____

Author _____

Genre _____

Reading dates _____

My Rating _____

Title _____

Author _____

Genre _____

Reading dates _____

My Rating _____

Title _____

Author _____

Genre _____

Reading dates _____

My Rating _____

Title _____

Author _____

Genre _____

Reading dates _____

My Rating _____

Title _____

Author _____

Genre _____

Reading dates _____

My Rating _____

Title _____

Author _____

Genre _____

Reading dates _____

My Rating _____

Title _____

Author _____

Genre _____

Reading dates _____

My Rating _____

Title _____

Author _____

Genre _____

Reading dates _____

My Rating _____

Title _____

Author _____

Genre _____

Reading dates _____

My Rating _____

Title _____

Author _____

Genre _____

Reading dates _____

My Rating _____

Title _____

Author _____

Genre _____

Reading dates _____

My Rating _____

Title _____

Author _____

Genre _____

Reading dates _____

My Rating _____

Title _____

Author _____

Genre _____

Reading dates _____

My Rating _____

Title _____

Author _____

Genre _____

Reading dates _____

My Rating _____

Title _____

Author _____

Genre _____

Reading dates _____

My Rating _____

Title
_____

Author
_____

Genre
_____

Reading dates
_____

My Rating
_____

Title
_____

Author
_____

Genre
_____

Reading dates
_____

My Rating
_____

Title _____

Author _____

Genre _____

Reading dates _____

My Rating

Title _____

Author _____

Genre _____

Reading dates _____

My Rating _____

Title _____

Author _____

Genre _____

Reading dates _____

My Rating _____

Title _____

Author _____

Genre _____

Reading dates _____

My Rating _____

Title _____

Author _____

Genre _____

Reading dates _____

My Rating _____

Title _____

Author _____

Genre _____

Reading dates _____

My Rating _____

Title _____

Author _____

Genre _____

Reading dates _____

My Rating _____

Title _____

Author _____

Genre _____

Reading dates _____

My Rating _____

Title _____

Author _____

Genre _____

Reading dates _____

My Rating _____

Title _____

Author _____

Genre _____

Reading dates _____

My Rating _____

Title

Author

Genre

Reading dates

My Rating

Title

Author

Genre

Reading dates

My Rating

Title _____

Author _____

Genre _____

Reading dates _____

My Rating _____

Title _____

Author _____

Genre _____

Reading dates _____

My Rating _____

Cover of

the Month

Quarterly

Check In

Number of books read so far.

Favorite Character.

Favorite Author

Favorite Quote

Tbr count.

Favorite Cover so far.

Most anticipated upcoming
release.

Another favorite
cover.

April Reads

Social Media Post Planner

Sun	Mon	Tue	Wed	Thu	Fri	Sat

Title _____

Author _____

Genre _____

Reading dates _____

My Rating _____

Title _____

Author _____

Genre _____

Reading dates _____

My Rating _____

Title _____

Author _____

Genre _____

Reading dates _____

My Rating _____

Title _____

Author _____

Genre _____

Reading dates _____

My Rating _____

Title

Author

Genre

Reading dates

My Rating

Title

Author

Genre

Reading dates

My Rating

Title _____

Author _____

Genre _____

Reading dates _____

My Rating _____

Title _____

Author _____

Genre _____

Reading dates _____

My Rating _____

Title _____

Author _____

Genre _____

Reading dates _____

My Rating _____

Title _____

Author _____

Genre _____

Reading dates _____

My Rating _____

Title _____

Author _____

Genre _____

Reading dates _____

My Rating _____

Title _____

Author _____

Genre _____

Reading dates _____

My Rating _____

Title _____

Author _____

Genre _____

Reading dates _____

My Rating _____

Title _____

Author _____

Genre _____

Reading dates _____

My Rating _____

Title _____

Author _____

Genre _____

Reading dates _____

My Rating _____

Title

Author

Genre

Reading dates

My Rating

Title

Author

Genre

Reading dates

My Rating

Title _____

Author _____

Genre _____

Reading dates _____

My Rating _____

Title _____

Author _____

Genre _____

Reading dates _____

My Rating _____

Title _____

Author _____

Genre _____

Reading dates _____

My Rating _____

Title _____

Author _____

Genre _____

Reading dates _____

My Rating _____

Title _____

Author _____

Genre _____

Reading dates _____

My Rating _____

Title _____

Author _____

Genre _____

Reading dates _____

My Rating _____

Title _____

Author _____

Genre _____

Reading dates _____

My Rating _____

Title _____

Author _____

Genre _____

Reading dates _____

My Rating _____

Title _____

Author _____

Genre _____

Reading dates _____

My Rating _____

Title _____

Author _____

Genre _____

Reading dates _____

My Rating _____

Title _____

Author _____

Genre _____

Reading dates _____

My Rating _____

Title _____

Author _____

Genre _____

Reading dates _____

My Rating _____

Title _____

Author _____

Genre _____

Reading dates _____

My Rating _____

Title _____

Author _____

Genre _____

Reading dates _____

My Rating _____

Cover of

the Month

May

May Reads

Social Media Post Planner

Sun	Mon	Tue	Wed	Thu	Fri	Sat

Title _____

Author _____

Genre _____

Reading dates _____

My Rating _____

Title _____

Author _____

Genre _____

Reading dates _____

My Rating _____

Title _____

Author _____

Genre _____

Reading dates _____

My Rating _____

Title _____

Author _____

Genre _____

Reading dates _____

My Rating _____

Title _____

Author _____

Genre _____

Reading dates _____

My Rating _____

Title _____

Author _____

Genre _____

Reading dates _____

My Rating _____

Title _____

Author _____

Genre _____

Reading dates _____

My Rating _____

Title _____

Author _____

Genre _____

Reading dates _____

My Rating _____

Title _____

Author _____

Genre _____

Reading dates _____

My Rating _____

Title _____

Author _____

Genre _____

Reading dates _____

My Rating _____

Title _____

Author _____

Genre _____

Reading dates _____

My Rating _____

Title _____

Author _____

Genre _____

Reading dates _____

My Rating _____

Title _____

Author _____

Genre _____

Reading dates _____

My Rating _____

Title _____

Author _____

Genre _____

Reading dates _____

My Rating _____

Title _____

Author _____

Genre _____

Reading dates _____

My Rating _____

Title _____

Author _____

Genre _____

Reading dates _____

My Rating _____

Title _____

Author _____

Genre _____

Reading dates _____

My Rating _____

Title _____

Author _____

Genre _____

Reading dates _____

My Rating _____

Title _____

Author _____

Genre _____

Reading dates _____

My Rating _____

Title _____

Author _____

Genre _____

Reading dates _____

My Rating _____

Title

Author

Genre

Reading dates

My Rating

Title

Author

Genre

Reading dates

My Rating

Title _____

Author _____

Genre _____

Reading dates _____

My Rating _____

Title _____

Author _____

Genre _____

Reading dates _____

My Rating _____

Title _____

Author _____

Genre _____

Reading dates _____

My Rating _____

Title _____

Author _____

Genre _____

Reading dates _____

My Rating _____

Title _____

Author _____

Genre _____

Reading dates _____

My Rating _____

Title _____

Author _____

Genre _____

Reading dates _____

My Rating _____

Title _____

Author _____

Genre _____

Reading dates _____

My Rating _____

Title _____

Author _____

Genre _____

Reading dates _____

My Rating _____

Title _____

Author _____

Genre _____

Reading dates _____

My Rating _____

Cover of

the Month

June

June Reads

Social Media Post Planner

Sun	Mon	Tue	Wed	Thu	Fri	Sat

Title _____

Author _____

Genre _____

Reading dates _____

My Rating _____

Title _____

Author _____

Genre _____

Reading dates _____

My Rating _____

Title

Author

Genre

Reading dates

My Rating

Title

Author

Genre

Reading dates

My Rating

Title _____

Author _____

Genre _____

Reading dates _____

My Rating _____

Title _____

Author _____

Genre _____

Reading dates _____

My Rating _____

Title _____

Author _____

Genre _____

Reading dates _____

My Rating _____

Title _____

Author _____

Genre _____

Reading dates _____

My Rating _____

Title _____

Author _____

Genre _____

Reading dates _____

My Rating _____

Title _____

Author _____

Genre _____

Reading dates _____

My Rating _____

Title _____

Author _____

Genre _____

Reading dates _____

My Rating _____

Title _____

Author _____

Genre _____

Reading dates _____

My Rating _____

Title _____

Author _____

Genre _____

Reading dates _____

My Rating _____

Title _____

Author _____

Genre _____

Reading dates _____

My Rating _____

Title _____

Author _____

Genre _____

Reading dates _____

My Rating _____

Title _____

Author _____

Genre _____

Reading dates _____

My Rating _____

Title _____

Author _____

Genre _____

Reading dates _____

My Rating _____

Title

Author

Genre

Reading dates

My Rating

Title

Author

Genre

Reading dates

My Rating

Title

Author

Genre

Reading dates

My Rating

Title _____

Author _____

Genre _____

Reading dates _____

My Rating _____

Title _____

Author _____

Genre _____

Reading dates _____

My Rating _____

Title _____

Author _____

Genre _____

Reading dates _____

My Rating _____

Title _____

Author _____

Genre _____

Reading dates _____

My Rating _____

Title _____

Author _____

Genre _____

Reading dates _____

My Rating _____

Title _____

Author _____

Genre _____

Reading dates _____

My Rating _____

Title _____

Author _____

Genre _____

Reading dates _____

My Rating _____

Title _____

Author _____

Genre _____

Reading dates _____

My Rating _____

Title _____

Author _____

Genre _____

Reading dates _____

My Rating _____

Title _____

Author _____

Genre _____

Reading dates _____

My Rating _____

Title _____

Author _____

Genre _____

Reading dates _____

My Rating _____

Cover of

the Month

Mid Year

Check In

Number of books read so far.

Favorite Character.

Favorite Quote

Favorite Author

Tbr count.

Favorite Cover so far.

Most anticipated upcoming release.

Another favorite cover.

Reading Challenge

A book you've been
meaning to read.

A book with a
great cover.

A book based on
a fairytale.

A Dystopian

An award winner

A book turned
into a movie..

A new release.

A book you thought
you'd never read.

A book over
600 pages.

A book set in
your country.

A book with a cool
magic system.

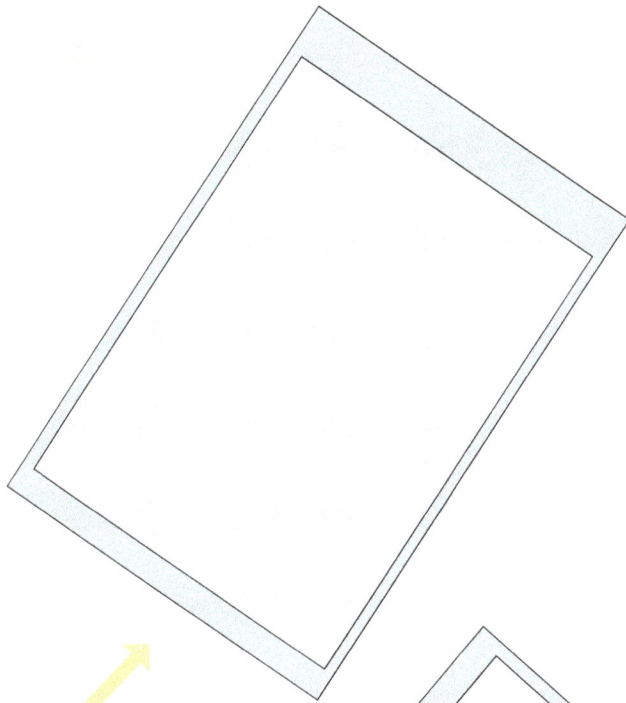

A book with
an ugly cover.

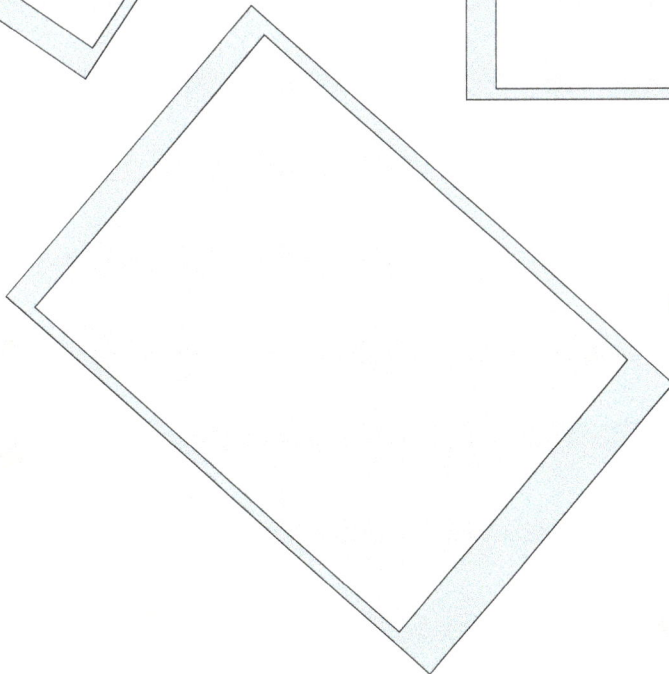

A book you want
to re-read.

A Y.A bestseller.

A Thriller.

A romance.

A Sci-Fi.

A book set in a war zone.

A book with a
Villain you love.

A Horror.

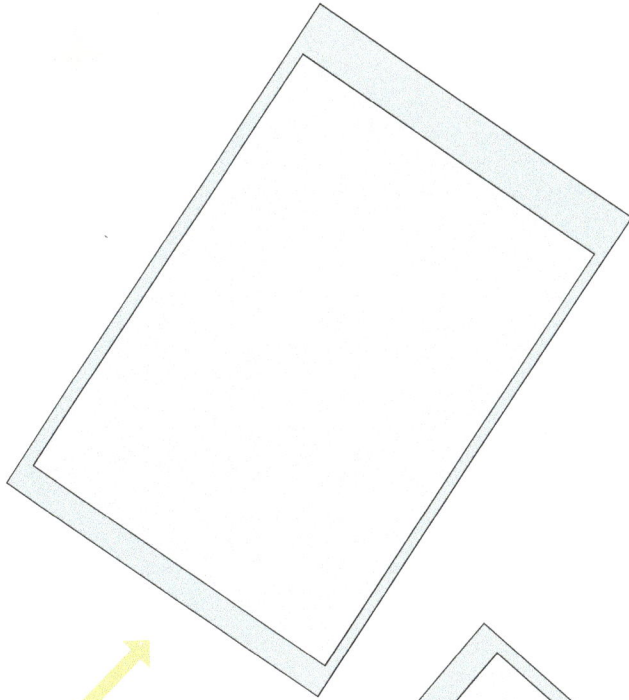

A Dark Romance.

A book with a
hero you hate.

A paranormal
fantasy.

A book with
a cover in your
favorite color.

A book with flowers
on the cover.

A book that makes
you cry.

A book set in
a counrty you
want to visit.

A book with an animal
on the cover...

A book your
friends love.

A book with your
name in it.

A book older than you.

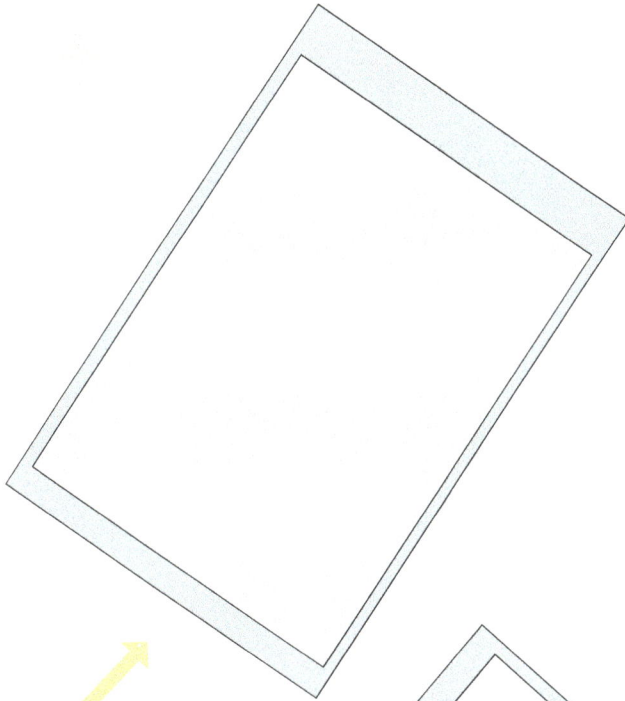

A book set in
another world.

Your most anticipated
release.

July Reads

Social Media Post Planner

Sun	Mon	Tue	Wed	Thu	Fri	Sat

Title _____

Author _____

Genre _____

Reading dates _____

My Rating _____

Title _____

Author _____

Genre _____

Reading dates _____

My Rating _____

Title _____

Author _____

Genre _____

Reading dates _____

My Rating _____

Title _____

Author _____

Genre _____

Reading dates _____

My Rating _____

Title _____

Author _____

Genre _____

Reading dates _____

My Rating _____

Title _____

Author _____

Genre _____

Reading dates _____

My Rating _____

Title _____

Author _____

Genre _____

Reading dates _____

My Rating _____

Title _____

Author _____

Genre _____

Reading dates _____

My Rating _____

Title _____

Author _____

Genre _____

Reading dates _____

My Rating _____

Title _____

Author _____

Genre _____

Reading dates _____

My Rating _____

Title _____

Author _____

Genre _____

Reading dates _____

My Rating _____

Title _____

Author _____

Genre _____

Reading dates _____

My Rating _____

Title _____

Author _____

Genre _____

Reading dates _____

My Rating _____

Title _____

Author _____

Genre _____

Reading dates _____

My Rating _____

Title _____

Author _____

Genre _____

Reading dates _____

My Rating _____

Title _____

Author _____

Genre _____

Reading dates _____

My Rating _____

Title _____

Author _____

Genre _____

Reading dates _____

My Rating _____

Title _____

Author _____

Genre _____

Reading dates _____

My Rating _____

Title _____

Author _____

Genre _____

Reading dates _____

My Rating _____

Title _____

Author _____

Genre _____

Reading dates _____

My Rating _____

Title _____

Author _____

Genre _____

Reading dates _____

My Rating _____

Title _____

Author _____

Genre _____

Reading dates _____

My Rating _____

Title _____

Author _____

Genre _____

Reading dates _____

My Rating _____

Title _____

Author _____

Genre _____

Reading dates _____

My Rating _____

Title _____

Author _____

Genre _____

Reading dates _____

My Rating _____

Title _____

Author _____

Genre _____

Reading dates _____

My Rating _____

Title _____

Author _____

Genre _____

Reading dates _____

My Rating _____

Title _____

Author _____

Genre _____

Reading dates _____

My Rating _____

Title _____

Author _____

Genre _____

Reading dates _____

My Rating _____

Title _____

Author _____

Genre _____

Reading dates _____

My Rating _____

Title _____

Author _____

Genre _____

Reading dates _____

My Rating _____

Cover of

the Month

August

August Reads

Social Media Post Planner

Sun	Mon	Tue	Wed	Thu	Fri	Sat

Title _____

Author _____

Genre _____

Reading dates _____

My Rating _____

Title _____

Author _____

Genre _____

Reading dates _____

My Rating _____

Title _____

Author _____

Genre _____

Reading dates _____

My Rating _____

Title _____

Author _____

Genre _____

Reading dates _____

My Rating _____

Title _____

Author _____

Genre _____

Reading dates _____

My Rating _____

Title _____

Author _____

Genre _____

Reading dates _____

My Rating _____

Title

Author

Genre

Reading dates

My Rating

Title

Author

Genre

Reading dates

My Rating

Title _____

Author _____

Genre _____

Reading dates _____

My Rating _____

Title _____

Author _____

Genre _____

Reading dates _____

My Rating _____

Title _____

Author _____

Genre _____

Reading dates _____

My Rating _____

Title _____

Author _____

Genre _____

Reading dates _____

My Rating _____

Title _____

Author _____

Genre _____

Reading dates _____

My Rating _____

Title

Author

Genre

Reading dates

My Rating

Title

Author

Genre

Reading dates

My Rating

Title _____

Author _____

Genre _____

Reading dates _____

My Rating _____

Title _____

Author _____

Genre _____

Reading dates _____

My Rating _____

Title _____

Author _____

Genre _____

Reading dates _____

My Rating _____

Title _____

Author _____

Genre _____

Reading dates _____

My Rating _____

Title _____

Author _____

Genre _____

Reading dates _____

My Rating _____

Title _____

Author _____

Genre _____

Reading dates _____

My Rating _____

Title _____

Author _____

Genre _____

Reading dates _____

My Rating _____

Title _____

Author _____

Genre _____

Reading dates _____

My Rating _____

Title _____

Author _____

Genre _____

Reading dates _____

My Rating _____

Title _____

Author _____

Genre _____

Reading dates _____

My Rating _____

Title _____

Author _____

Genre _____

Reading dates _____

My Rating _____

Title _____

Author _____

Genre _____

Reading dates _____

My Rating _____

Title _____

Author _____

Genre _____

Reading dates _____

My Rating _____

Title _____

Author _____

Genre _____

Reading dates _____

My Rating _____

Title _____

Author _____

Genre _____

Reading dates _____

My Rating _____

Title _____

Author _____

Genre _____

Reading dates _____

My Rating _____

Cover of

the Month

September

September Reads

Social Media Post Planner

	Sun	Mon	Tue	Wed	Thu	Fri	Sat

Title _____

Author _____

Genre _____

Reading dates _____

My Rating _____

Title _____

Author _____

Genre _____

Reading dates _____

My Rating _____

Title _____

Author _____

Genre _____

Reading dates _____

My Rating _____

Title _____

Author _____

Genre _____

Reading dates _____

My Rating _____

Title _____

Author _____

Genre _____

Reading dates _____

My Rating _____

Title _____

Author _____

Genre _____

Reading dates _____

My Rating _____

Title _____

Author _____

Genre _____

Reading dates _____

My Rating _____

Title _____

Author _____

Genre _____

Reading dates _____

My Rating _____

Title _____

Author _____

Genre _____

Reading dates _____

My Rating _____

Title _____

Author _____

Genre _____

Reading dates _____

My Rating _____

Title _____

Author _____

Genre _____

Reading dates _____

My Rating _____

Title _____

Author _____

Genre _____

Reading dates _____

My Rating _____

Title _____

Author _____

Genre _____

Reading dates _____

My Rating _____

Title _____

Author _____

Genre _____

Reading dates _____

My Rating _____

Title _____

Author _____

Genre _____

Reading dates _____

My Rating _____

Title _____

Author _____

Genre _____

Reading dates _____

My Rating _____

Title _____

Author _____

Genre _____

Reading dates _____

My Rating _____

Title _____

Author _____

Genre _____

Reading dates _____

My Rating _____

Title _____

Author _____

Genre _____

Reading dates _____

My Rating _____

Title _____

Author _____

Genre _____

Reading dates _____

My Rating _____

Title _____

Author _____

Genre _____

Reading dates _____

My Rating _____

Title _____

Author _____

Genre _____

Reading dates _____

My Rating _____

Title _____

Author _____

Genre _____

Reading dates _____

My Rating _____

Title _____

Author _____

Genre _____

Reading dates _____

My Rating _____

Title _____

Author _____

Genre _____

Reading dates _____

My Rating _____

Title _____

Author _____

Genre _____

Reading dates _____

My Rating _____

Title _____

Author _____

Genre _____

Reading dates _____

My Rating _____

Title _____

Author _____

Genre _____

Reading dates _____

My Rating _____

Title _____

Author _____

Genre _____

Reading dates _____

My Rating _____

Title _____

Author _____

Genre _____

Reading dates _____

My Rating _____

Title _____

Author _____

Genre _____

Reading dates _____

My Rating _____

Cover of

the Month

Quarterly

Check In

Number of books
read so far.

Favorite Character.

Favorite Author

Favorite Quote

Tbr count.

Favorite Cover so far.

Most anticipated upcoming release.

Another favorite cover.

October Reads

Social Media Post Planner

	Sun	Mon	Tue	Wed	Thu	Fri	Sat

Title _____

Author _____

Genre _____

Reading dates _____

My Rating _____

Title _____

Author _____

Genre _____

Reading dates _____

My Rating _____

Title _____

Author _____

Genre _____

Reading dates _____

My Rating _____

Title _____

Author _____

Genre _____

Reading dates _____

My Rating _____

Title _____

Author _____

Genre _____

Reading dates _____

My Rating _____

Title _____

Author _____

Genre _____

Reading dates _____

My Rating _____

Title _____

Author _____

Genre _____

Reading dates _____

My Rating _____

Title _____

Author _____

Genre _____

Reading dates _____

My Rating _____

Title _____

Author _____

Genre _____

Reading dates _____

My Rating _____

Title _____

Author _____

Genre _____

Reading dates _____

My Rating _____

Title _____

Author _____

Genre _____

Reading dates _____

My Rating _____

Title _____

Author _____

Genre _____

Reading dates _____

My Rating _____

Title _____

Author _____

Genre _____

Reading dates _____

My Rating _____

Title _____

Author _____

Genre _____

Reading dates _____

My Rating _____

Title _____

Author _____

Genre _____

Reading dates _____

My Rating _____

Title _____

Author _____

Genre _____

Reading dates _____

My Rating _____

Title _____

Author _____

Genre _____

Reading dates _____

My Rating _____

Title _____

Author _____

Genre _____

Reading dates _____

My Rating _____

Title _____

Author _____

Genre _____

Reading dates _____

My Rating _____

Title _____

Author _____

Genre _____

Reading dates _____

My Rating _____

Title _____

Author _____

Genre _____

Reading dates _____

My Rating _____

Title _____

Author _____

Genre _____

Reading dates _____

My Rating _____

Title _____

Author _____

Genre _____

Reading dates _____

My Rating _____

Title _____

Author _____

Genre _____

Reading dates _____

My Rating _____

Title _____

Author _____

Genre _____

Reading dates _____

My Rating _____

Title _____

Author _____

Genre _____

Reading dates _____

My Rating _____

Title _____

Author _____

Genre _____

Reading dates _____

My Rating _____

Title _____

Author _____

Genre _____

Reading dates _____

My Rating _____

Title _____

Author _____

Genre _____

Reading dates _____

My Rating _____

Title _____

Author _____

Genre _____

Reading dates _____

My Rating _____

Title _____

Author _____

Genre _____

Reading dates _____

My Rating _____

Cover of

the Month

November

November Reads

Social Media Post Planner

Sun	Mon	Tue	Wed	Thu	Fri	Sat

Title _____

Author _____

Genre _____

Reading dates _____

My Rating _____

Title _____

Author _____

Genre _____

Reading dates _____

My Rating _____

Title

Author

Genre

Reading dates

My Rating

Title

Author

Genre

Reading dates

My Rating

Title _____

Author _____

Genre _____

Reading dates _____

My Rating _____

Title _____

Author _____

Genre _____

Reading dates _____

My Rating _____

Title _____

Author _____

Genre _____

Reading dates _____

My Rating _____

Title _____

Author _____

Genre _____

Reading dates _____

My Rating _____

Title _____

Author _____

Genre _____

Reading dates _____

My Rating _____

Title _____

Author _____

Genre _____

Reading dates _____

My Rating _____

Title _____

Author _____

Genre _____

Reading dates _____

My Rating _____

Title _____

Author _____

Genre _____

Reading dates _____

My Rating _____

Title _____

Author _____

Genre _____

Reading dates _____

My Rating _____

Title _____

Author _____

Genre _____

Reading dates _____

My Rating _____

Title _____

Author _____

Genre _____

Reading dates _____

My Rating _____

Title _____

Author _____

Genre _____

Reading dates _____

My Rating _____

Title _____

Author _____

Genre _____

Reading dates _____

My Rating _____

Title _____

Author _____

Genre _____

Reading dates _____

My Rating _____

Title _____

Author _____

Genre _____

Reading dates _____

My Rating _____

Title _____

Author _____

Genre _____

Reading dates _____

My Rating _____

Title _____

Author _____

Genre _____

Reading dates _____

My Rating _____

Title _____

Author _____

Genre _____

Reading dates _____

My Rating _____

Title _____

Author _____

Genre _____

Reading dates _____

My Rating _____

Title _____

Author _____

Genre _____

Reading dates _____

My Rating _____

Title _____

Author _____

Genre _____

Reading dates _____

My Rating _____

Title _____

Author _____

Genre _____

Reading dates _____

My Rating _____

Title _____

Author _____

Genre _____

Reading dates _____

My Rating _____

Title _____

Author _____

Genre _____

Reading dates _____

My Rating _____

Title _____

Author _____

Genre _____

Reading dates _____

My Rating _____

Title _____

Author _____

Genre _____

Reading dates _____

My Rating _____

Title _____

Author _____

Genre _____

Reading dates _____

My Rating _____

Cover of

the Month

December

December Reads

Social Media Post Planner

Sun	Mon	Tue	Wed	Thu	Fri	Sat

Title _____

Author _____

Genre _____

Reading dates _____

My Rating _____

Title _____

Author _____

Genre _____

Reading dates _____

My Rating _____

Title _____

Author _____

Genre _____

Reading dates _____

My Rating _____

Title _____

Author _____

Genre _____

Reading dates _____

My Rating _____

Title _____

Author _____

Genre _____

Reading dates _____

My Rating _____

Title _____

Author _____

Genre _____

Reading dates _____

My Rating _____

Title _____

Author _____

Genre _____

Reading dates _____

My Rating _____

Title _____

Author _____

Genre _____

Reading dates _____

My Rating _____

Title _____

Author _____

Genre _____

Reading dates _____

My Rating _____

Title _____

Author _____

Genre _____

Reading dates _____

My Rating _____

Title _____

Author _____

Genre _____

Reading dates _____

My Rating _____

Title _____

Author _____

Genre _____

Reading dates _____

My Rating _____

Title _____

Author _____

Genre _____

Reading dates _____

My Rating _____

Title _____

Author _____

Genre _____

Reading dates _____

My Rating _____

Title _____

Author _____

Genre _____

Reading dates _____

My Rating _____

Title _____

Author _____

Genre _____

Reading dates _____

My Rating _____

Title _____

Author _____

Genre _____

Reading dates _____

My Rating _____

Title _____

Author _____

Genre _____

Reading dates _____

My Rating _____

Title _____

Author _____

Genre _____

Reading dates _____

My Rating _____

Title _____

Author _____

Genre _____

Reading dates _____

My Rating _____

Title _____

Author _____

Genre _____

Reading dates _____

My Rating _____

Title _____

Author _____

Genre _____

Reading dates _____

My Rating _____

Title _____

Author _____

Genre _____

Reading dates _____

My Rating _____

Title _____

Author _____

Genre _____

Reading dates _____

My Rating _____

Title _____

Author _____

Genre _____

Reading dates _____

My Rating _____

Title _____

Author _____

Genre _____

Reading dates _____

My Rating _____

Title _____

Author _____

Genre _____

Reading dates _____

My Rating _____

Title _____

Author _____

Genre _____

Reading dates _____

My Rating _____

Title _____

Author _____

Genre _____

Reading dates _____

My Rating _____

Title _____

Author _____

Genre _____

Reading dates _____

My Rating _____

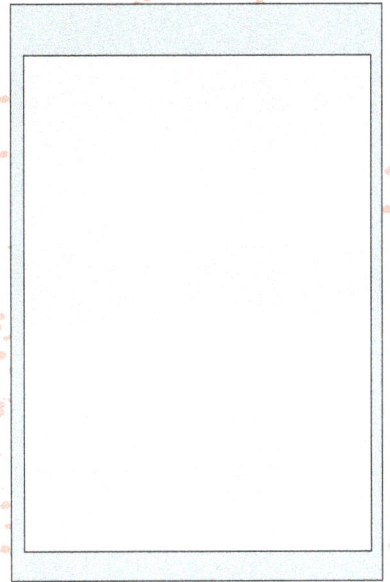

Title _____

Author _____

Genre _____

Reading dates _____

My Rating _____

Cover of

the Month

End of Year

Check In

Number of books
read so far.

Favorite Character.

Favorite Author

Favorite Quote

Tbr count.

Favorite Cover so far.

Most anticipated upcoming release.

Another favorite cover.

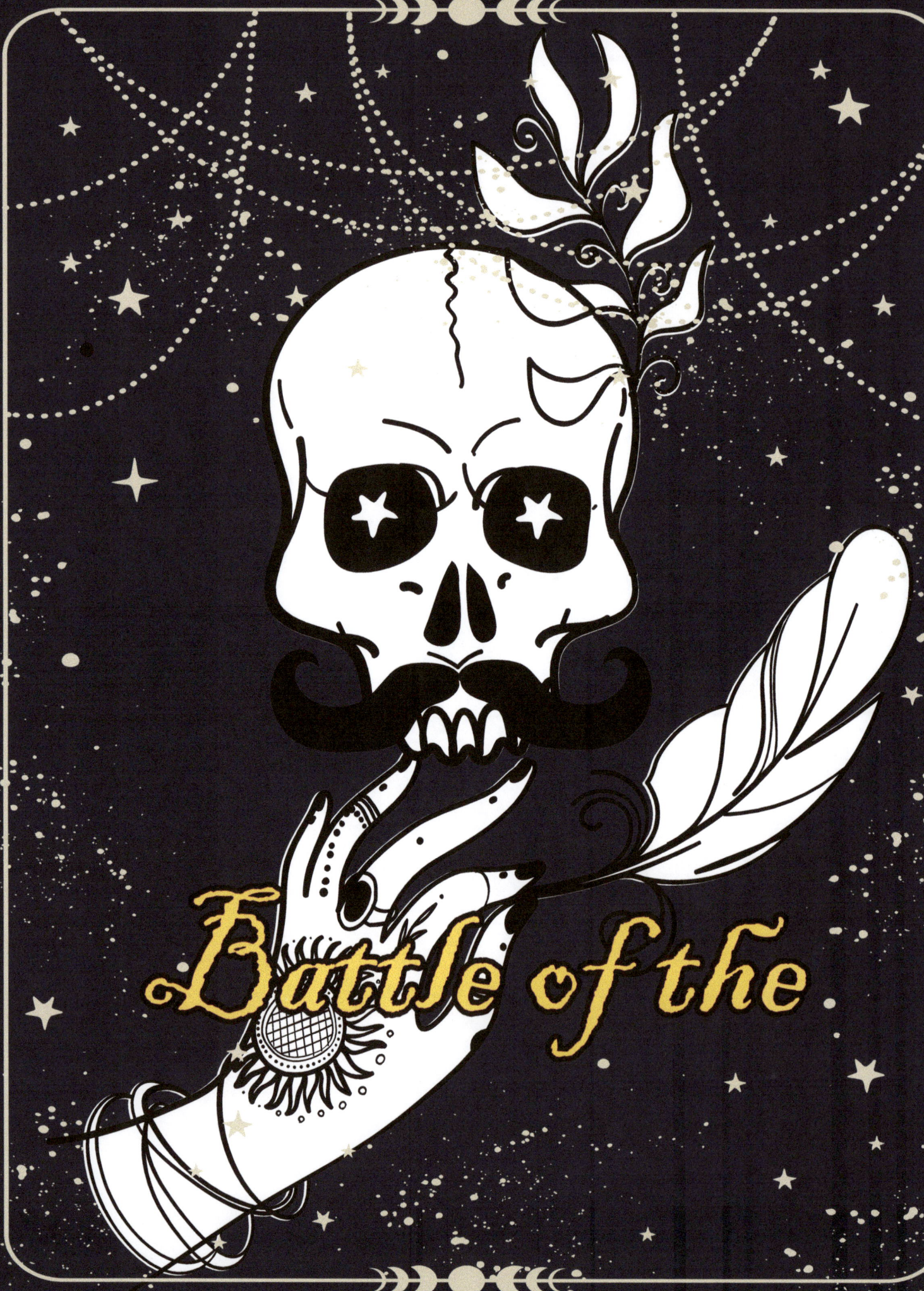

Battle of the

Book Covers

First Quarter Covers

January

February

March

Winner!

Second Quarter Covers

April

May

June

Winner!

Third Quarter Covers

July

August

September

Winner!

Fourth Quarter Covers

October

November

December

Winner!

Favorite Cover
Finals.

Quarter One

Quarter Two

Winner!

Favorite Cover Finals.

Quarter Three

Quarter Four

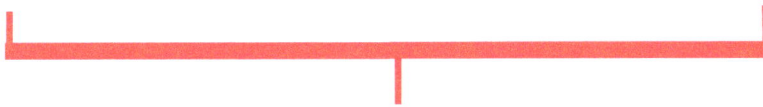

Winner!

Favorite Cover Grand Final.

Finalist One

Finalist Two

Winner!